Carnet de RÉUSSITE

CAP – 2de BAC PRO

Anglais

Anglais facile

W0417219

Béatrice Léonori

Sabine Ritter

Béatrice Sirjean

FOUCHER

Sommaire

Partie 1 Le groupe nominal

Partie 2 Orthographe

Partie 3 Conjugaison

Partie 4 La construction des phrases

© Éditions Foucher

Abréviations : V = base verbale (verbe à l'infinitif sans « *to* ») ; S = sujet

© Foucher, une marque des Éditions Hatier – Paris, 2021 – ISBN : 978-2-216-16180-5

DANGER
LE PHOTOCOPILLAGE TUE LE LIVRE

« Le photocopillage, c'est l'usage abusif et collectif de la photocopie sans autorisation des auteurs et des éditeurs.
Largement répandu dans les établissements d'enseignement, le photocopillage menace l'avenir du livre, car il met en danger son équilibre économique. Il prive les auteurs d'une juste rémunération.
En dehors de l'usage privé du copiste, toute reproduction totale ou partielle de cet ouvrage est interdite. »

« Sous réserve des exceptions légales, toute représentation ou reproduction intégrale ou partielle, faite, par quelque procédé que ce soit, sans le consentement de l'auteur ou de ses ayants droit, est illicite et constitue une contrefaçon sanctionnée par le Code de la Propriété intellectuelle. Le CFC est le seul habilité à délivrer des autorisations de reproduction par reprographie, sous réserve en cas d'utilisation aux fins de vente, de location, de publicité ou de promotion de l'accord de l'auteur ou des ayants droit. »

Maquette : Nicolas Piroux
Composition : Catherine Roussel
Illustrations : Lupe Granilé (mascottes), Sara Lomuscio
Lecture-correction : Victoria Britten

Crédit photographique
p. 13a © Unclesam/stock.adobe.com ; p. 13b © mstudio/stock.adobe.com ; p. 13c © Denis Rozhnovsky/stock.adobe.com ; p. 13d © Nikolai Sorokin/stock.adobe.com ; p. 13e © prescott09/stock.adobe.com ; p. 21-1 © Comauthor/stock.adobe.com ; p. 21-2 © Tasha Vector/stock.adobe.com ; p. 21-3 © StockVector/stock.adobe.com ; p. 21-4 © Tasha Vector/stock.adobe.com ; p. 21-5 © barks/stock.adobe.com ; p. 36 © anatolir/stock.adobe.com ; p. 61 © FARBAI/stock.adobe.com ; p. 62 © alexei sviridov/stock.adobe.com.

© Éditions Foucher

1. Les articles définis et indéfinis

Les articles (*a / an / the*) se placent avant le nom. Dans certains cas, le nom est utilisé sans article (article zéro).

- ***a / an*** (un / une)
  – *a* devant une consonne.
  ‣ *a dog / a table*
  un chien / une table
  – *an* devant un son voyelle.
  ‣ *an orange / an item*
  une orange / un article
  – *a* devant le son consonne /ju:/.
  ‣ *a uniform*

- ***the*** (le/la/les)
  ‣ *the book / the lamp*
  le livre / la lampe
  ‣ *the books on the table*
  les livres sur la table

- **article zéro** (nom sans article)
  – Pour traduire « des ».
  ‣ *There are cats.* Il y a des chats.
  – Avec les noms abstraits.
  ‣ *freedom.* la liberté.
  – Avec des noms désignant des choses en général.
  ‣ *Good chocolate is expensive.*
  Le bon chocolat est cher.
  – Avec des noms propres, des titres.
  ‣ *France / President Obama*
  la France / le président Obama

Je réussis

1. Rayez la mauvaise proposition.

There are the/Ø new houses in this street. The/Ø house on the left is really nice. There is a/an large garden and a/an original door. The/Ø Doctor Johnson lives there.

foucherconnect.fr/21ang01

Écoutez et répétez.
the face – the house – the bag – the apple – the image – the eye
the se prononce /ðə/ devant un son consonne, /ði/ devant un son voyelle.

2. Ajoutez l'article quand c'est nécessaire.

a. I have .... amazing friend. He is .... black-haired boy.

b. His grandparents are from .... Pakistan.

c. He lives far from .... town centre in .... old house.

d. There are .... strange machines in .... garage next to my house.

© Éditions Foucher

2. Les pronoms personnels

Le pronom remplace le nom et évite la répétition dans une phrase.

- **Pronoms personnels sujets**
– *I* (je) ▸ *I live in London.*
– *You* (tu) ▸ *You are learning English.*
– *He* (il) ▸ *He is speaking.*
– *She* (elle) ▸ *She is a student.*
– *It* (il, elle) (neutre) ▸ *It is raining.*
– *We* (nous) ▸ *We are studying.*
– *You* (vous) ▸ *You are a good student.*
– *They* (ils, elles) ▸ *They are at school.*

- **Pronoms personnels compléments**
– Ils sont placés **après** le verbe ou la préposition qui suit le verbe.
▸ *He called me yesterday.* (moi/me/m')
▸ *I am speaking to you.* (toi/te/t'/vous)
▸ *I like him (= John).* (lui/le/l')
▸ *He is waiting for her (= Liz).* (elle/la/l')
▸ *Try it on (= the dress)!* (lui/elle/le/la/l') (neutre)
▸ *Call us tomorrow at 8.* (nous)
▸ *Sam is coming with them.* (eux/elles/les)

Je réussis

1. Remplacez l'élément souligné par un pronom personnel.

a. Julia (..........) is a good friend. I like going out with Julia (..........).

b. What's wrong with John (..........)?

c. My brother and I (..........) are crazy about music (..........).

d. Mike and Sue (..........) are going to Scotland next summer.

BE CAREFUL!
• *It* ne s'emploie pas pour parler d'une personne.

2. Soulignez les pronoms qui ne sont pas utilisés correctement et corrigez-les. Puis écoutez et vérifiez. foucherconnect.fr/21ang02

Shirley is Australian. He (..........) lives in Sydney. Her (..........) best friend is Mikael. Shirley really likes them (..........). She (..........) spend a lot of time together. You (..........) have the same hobby: going surfing. You (..........) are at the same school. She (..........) is a vocational school located in the centre of Sydney.

© Éditions Foucher

3. Les déterminants possessifs

Les déterminants possessifs précèdent un nom singulier ou pluriel.

- *my* (mon, ma, mes)
- *his, her, its* (son, sa, ses)
- *our* (notre, nos)
- *your* (ton, ta, tes, votre, vos)
- *their* (leur(s))

- **À la 3e personne du singulier, le choix du possessif dépend du possesseur** (et non du nom qui suit comme en français).
  - possesseur masculin : *his*
    ▸ *his bag* son sac (le sac de John)
  - possesseur féminin : *her*
    ▸ *her bag* son sac (le sac de Jane)
  - autres cas : *its*
    ▸ *its garden* son jardin (le jardin de la maison)

Je réussis

BE CAREFUL !

- Les déterminants possessifs sont invariables.

1. Écoutez et complétez. foucherconnect.fr/21ang03

a. Hi, I'm Deborah! This is .... sister Elizabeth.

b. We live with .... mother Natalia and .... husband Peter, ... stepfather.

c. .... sons Gary and Ewan are .... stepbrothers and we all get on well.

d. .... family is also a happy blended one. Could you describe it?

2. Soulignez le déterminant possessif qui convient.

a. Hi, I'm Donovan and this is my/her brother.

b. We live with their/our parents in Washington DC.

c. Martin is washing her/his car.

d. The house stands in the middle of its/his garden.

foucherconnect.fr/21ang04

3. Complétez avec le déterminant possessif qui convient.

a. I'm finishing .... homework.

b. Tom bought .... wife a necklace for .... wedding anniversary.

c. "I've found .... mobile phone – you left .... in the car".

© Éditions Foucher

4. Le cas possessif

Le cas possessif (aussi appelé « **génitif** ») s'utilise pour exprimer un rapport de possession ou de parenté.

La maison de Clive → *Clive's house*

- **Possesseur + 's**
  - Nom singulier.
    - ▸ *My father's car.* La voiture de mon père.
  - Nom propre se terminant par -s.
    - ▸ *Thomas's dog.* Le chien de Thomas.
  - Nom au pluriel irrégulier (sans -s).
    - ▸ *Men's shoes.* Les chaussures des hommes.

- **Possesseur + '**
  - Nom au pluriel terminant par -s.
    - ▸ *My friends' parents.* Les parents de mes amis.
    - ▸ *The Simpsons' son.* Le fils des Simpson.

Je réussis

Écoutez et répétez.
My friend's car **/z/**
The actress's dress **/iz/**
Jack's bike **/s/**

foucherconnect.fr/21ang05

1. Complétez les phrases avec les liens de parenté suivant : *My father's son – My father's mother – My father's daughter – My mother's brother*

a. .... is my grandmother.

b. My brother is ....

c. .... is my uncle.

d. .... is my sister.

BE CAREFUL !

• Généralement, on n'emploie pas le cas possessif avec des noms d'objets.

▸ *The door of the room.*
La porte de la chambre.

2. Formez le cas possessif. Attention à l'ordre des mots.

a. This is my .... (computer / sister)

b. Thew .... is on the first floor. (children / room)

c. .... is very big. (house / the Smiths)

d. .... are in the car. (the girls / bags)

© Éditions Foucher

5. La place des adjectifs qualificatifs

L'adjectif qualificatif se place toujours avant le nom.

- Il est **invariable** et ne s'accorde ni en genre (masc./fém.), ni en nombre (sing./plur.).

- Quand **plusieurs adjectifs** qualifient un même nom, ils se placent dans l'ordre suivant :

1. Opinion Jugement	2. Taille	3. Âge	4. Forme	5. Couleur	6. Origine	7. Matière
▸ *nice* ▸ *bad*	▸ *large* ▸ *big* ▸ *tall*	▸ *old* ▸ *new*	▸ *oval* ▸ *round*	▸ *black* ▸ *green*	▸ *French* ▸ *English*	▸ *plastic* ▸ *wooden*

▸ *It's a beautiful new English car.* C'est une belle voiture neuve anglaise.
▸ *It's an old black silk skirt.* C'est une vieille jupe noire en soie.
▸ *She has beautiful long curly blond hair.* Elle a de beaux cheveux blonds, longs et bouclés.

Je réussis

1. Réécrivez les phrases en remettant les adjectifs dans le bon ordre.

a. He is wearing a (woollen / nice / green) pullover. ....

....

b. He has (brown / wavy / short) hair. ....

c. She has a (little / Australian / cute) dog. ....

d. She bought a (Spanish / wooden / oval) table. ....

....

2. Traduisez les phrases suivantes.

a. Une magnifique grosse voiture américaine. ....

b. Un petit sac rouge en cuir. ....

c. Une nouvelle cravate en soie bleue. ....

d. Une vieille dame anglaise élégante. ....

© Éditions Foucher

6. Les déterminants démonstratifs

Les déterminants démonstratifs s'accordent en nombre avec le nom qui suit.

- *This* / *That* + **nom singulier**
  – ce … ci / ce … là / cet / cette

- *These* / *Those* + **nom pluriel**
  – ceux-ci / celles-ci / ceux-là / celles-là / ces

- *This* s'emploie généralement pour parler du **présent** ou du **futur proche** et *that* pour parler du **passé.**

- **En règle générale :**
  – *This* et *these* s'emploient pour parler d'un objet qui se trouve près de la personne qui parle ;
  – *That* et *those* s'emploient dans les autres cas.

foucherconnect.fr/21ang06

Je réussis

1. Soulignez le déterminant démonstratif qui convient.

a. Come and look at these/those pictures.

b. Who are these/those people across the street? I'm sure I know them.

c. Do you remember this/that holiday in 1948?

d. I'm having trouble with this/that maths exercise – can you help me?

2. Associez les expressions françaises avec leur équivalent anglais.

a. Ces jours-ci •	• 1. At that moment
b. Ces derniers jours •	• 2. That morning
c. Cette fois-ci •	• 3. These days
d. Cet été •	• 4. In those days
e. En ce temps-là •	• 5. This morning
f. Ce matin •	• 6. These past few days
g. Ce matin-là •	• 7. This summer
h. À ce moment-là •	• 8. This time

BE CAREFUL !

One

• Il peut suivre *this* et *that* pour remplacer un nom déjà exprimé et éviter une répétition.

▸ *Here are two pictures. Do you prefer this one or that one?*

Ones

• Il évite la répétition d'un nom au pluriel.

▸ *I'd like those shoes, the black ones.*

© Éditions Foucher

7. Some / Any

***Some* et *any* peuvent se traduire par « de, des, du, de la, quelques ».**

- ***some* : dans une phrase affirmative**
  - *There is some tea on the table.*
  Il y a du thé sur la table.

- ***any* : dans une phrase interrogative ou négative**
  - *There are not any clouds in the sky.*
  Il n'y a pas de nuages dans le ciel.

Je réussis

1. Complétez par *some* ou *any*. Puis, écoutez et vérifiez.

foucherconnect.fr/21ang07

Look here. There are .... books. Can you see .... magazines too? There aren't .... newspapers, are there? No, there are no newspapers, but there are .... old comic strips.

2. Rayez la mauvaise proposition.

a. There are some/any fresh vegetables in the fridge.
b. Have you got some/any bread, please?
c. Would you like some/any butter with your bread?
d. Yes, I'll have some/any butter and some/any marmalade, please.
e. I'm so thirsty that I'll have some/any cold drink.

3. Complétez par *some* ou *any*. Puis traduisez.

a. I've met .... friends. → ....
b. Ron hasn't .... work experience. → ....
....
c. He really needs to work. He would be interested in .... job. → ....
....
d. Will you have .... cake? → ....

BE CAREFUL !

- On peut utiliser *some* dans une question quand on attend une réponse positive.
  - *Would you like some milk?*
- *Any* dans une phrase affirmative signifie « n'importe quel(le) ».
  - *I'll watch any film.*
  Je regarderai n'importe quel film.

© Éditions Foucher

8. Le pluriel des noms

Pour former le pluriel

- **Dans la plupart des cas,** on ajoute un **-s** au nom.
  ▸ *a book → books, a student → students, a chair → chairs.*
- Pour les noms se terminant par **-s, -ss,-sh, -ch, -x, -z,** on ajoute **-es.**
  ▸ *a bus → buses, a kiss → kisses, a church → churches, a box → boxes.*
- On ajoute **-es** à la majorité des noms se terminant par **consonne + -o.**
  ▸ *a tomato → tomatoes.*
  ▸ *exceptions : pianos, photos, kilos, videos.*
- Pour les noms se terminant par **consonne + -y,** on supprime le -y et on ajoute **-ies.**
  ▸ *a party → parties, a fly → flies, a city → cities.*
- Certains mots changent de forme au pluriel.
  ▸ *a man → men, a woman → women, a life → lives, a foot → feet, a tooth → teeth, a child → children, a wife → wives, a knife → knives, a half → halves, a thief → thieves.*

Je réussis

Écoutez et répétez.
house → houses
bus → buses, car → cars
month → months
brush → brushes
cargo → cargoes

foucherconnect.fr/21ang08

1. Mettez les mots entre parenthèses au pluriel.

a. There are two (woman) .... in my team.

b. Can I have some (potato) ...., please?

c. Eva, have you seen my (key) .... ?

d. My favourite (superhero) .... are Batman and Thor.

e. I'm crazy about detective (story) ....

f. I've bought two (dress) .... for only £40!

g. Could you put two more (dish) .... and three (knife) .... on the table, please?

h. The (child) .... are playing in the garden.

BE CAREFUL !

- En anglais, même les noms propres et abréviations se mettent au pluriel.
  ▸ *CDs / MPs / the Obamas / the Kardashians.*

© Éditions Foucher

9. Les nombres cardinaux

Les nombres cardinaux servent à compter et expriment une quantité précise. Ils sont invariables.

- **Les nombres cardinaux**

1 *one*	11 *eleven*	21 *twenty-one*	40 *forty*
2 *two*	12 *twelve*	22 *twenty-two*	50 *fifty*
3 *three*	13 *thirteen*	23 *twenty-three*	60 *sixty*
4 *four*	14 *fourteen*	24 *twenty-four*	70 *seventy*
5 *five*	15 *fifteen*	25 *twenty-five*	80 *eighty*
6 *six*	16 *sixteen*	26 *twenty-six*	90 *ninety*
7 *seven*	17 *seventeen*	27 *twenty-seven*	100 *one/a hundred*
8 *eight*	18 *eighteen*	28 *twenty-eight*	1,000 *one/a thousand*
9 *nine*	19 *nineteen*	29 *twenty-nine*	1,000,000 *one/a million*
10 *ten*	20 *twenty*	30 *thirty*	

- On utilise une virgule pour séparer les milliers des centaines.

- *hundred*, *thousand* et *million* prennent un *-s* au pluriel quand ils sont employés comme noms et suivis de ***of***.
  ▸ *Thousands **of** people.*
  Des milliers de gens.

- En anglais britannique, les dizaines et les unités qu'on ajoute à *hundred* et *thousand* sont précédées de *and*.

Je réussis

1. Écrivez les nombres suivants en toutes lettres.

a. 2,756: ....

b. 843: ....

c. 4,500,105: ....

2. Écrivez les nombres suivants en chiffres.

a. Thirteen thousand five hundred and twenty-one: ....

b. Eight thousand nine hundred and six: ....

c. Twenty-eight million six hundred and thirty-one thousand nine hundred and thirty:

....

© Éditions Foucher

10. Les prix

Le sigle monétaire se place devant le nombre.

- *$15 → fifteen dollars.*
- *£85 → eighty-five pounds.*
- *€6 → six euros.*

On utilise un point devant les décimales (et non une virgule comme en français) et **une virgule pour délimiter les milliers des centaines.**

- *$9.90 → nine dollars ninety.*
- *£3.20 → three pounds twenty.*
- *€6,900 → six thousand nine hundred euros.*

Je réussis

1. Écoutez et soulignez les prix entendus. foucherconnect.fr/21ang09

a. £22 / £32 **c.** $76 / $67

b. €15 / €50 **d.** £17.70 / £70.17 **e.** $99.80 / $89.90

2. Écrivez les prix en toutes lettres.

a. $98 ....

b. £76 ....

c. €6.55 ....

d. £137 ....

e. $51.80 ....

Écoutez et répétez.
£ - pounds
$ - dollars
€ - euros

foucherconnect.fr/21ang10

3. Écoutez et écrivez les prix. foucherconnect.fr/21ang11

© Éditions Foucher

11. La formation des mots

Plusieurs mots se forment à partir du même radical.
En anglais, il est possible de transformer les mots en y ajoutant un suffixe.

Verbes ou **adjectifs** + suffixe → **Noms**		
-er	paint → a painter	*peindre → un peintre*
-or / -ess	act → an actor, an actress	*jouer (un rôle) → un acteur, une actrice*
-ion	act → an action	*agir → une action*
-ance	guide → guidance	*guider, piloter → des conseils, un guidage*
-ness	wide → a wideness	*large → une largeur*
-al	refuse → a refusal	*refuser → un refus*
-ing	melt → melting	*fondre → la fonte, fusion*
-ism	human → humanism	*humain → l'humanisme*

Verbes ou **noms** + suffixe → **Adjectifs**		
-able	rely → reliable	*avoir confiance → digne de confiance*
-ful	play → playful	*jouer → taquin, espiègle*
-ing	relax → relaxing	*se détendre → reposant*
-ive	intuit → intuitive	*savoir intuitivement/par intuition → intuitif*
-less	mind → mindless	*l'esprit, l'intelligence → inattentif, indifférent*

Adjectifs + suffixe → **Adverbes**		
-ly	particular → particularly	*particulier → particulièrement*
	noisy → noisily	*bruyant → bruyamment*
	successful → successfully	*qui a du succès → avec succès*

© Éditions Foucher

Je réussis

1. Classez les mots dans la catégorie qui convient :
happiness – happily – happy – attraction – attract – attractively – attractive – teach – teacher

a. Verbes : ....

b. Noms : ....

c. Adjectifs : ....

d. Adverbes : ....

BE CAREFUL !

• En phonétique, tout mot anglais de deux syllabes ou plus porte un accent tonique. Cet accent est noté au moyen du signe ' placé devant la syllabe concernée. Selon le suffixe ajouté, la place de l'accent tonique est différente.

- *inform* /in'fɔːrm/
- *information* /infəːr'meɪʃən/
- *informative* /in'fɔːrmətɪv/

2. Écrivez les verbes dont sont dérivés les noms.

a. an explanation (*une explication*) → ....

b. a choice (*un choix*) → ....

c. an invitation (*une invitation*) → ....

d. a refusal (*un refus*) → ....

e. a painter / a painting (*un peintre / une peinture*) → ....

3. Écoutez et complétez. foucherconnect.fr/21ang12

a. A .... person is someone who .... or uses new ideas.

b. An .... agency is a company that designs and makes .... for other companies.

c. Industries .... the air with chemical emissions and .... increases day after day.

4. Soulignez les adjectifs, encadrez les adverbes, entourez les verbes et surlignez les noms dérivés du mot entre parenthèses.

a. This sailor is sailing around the world. (sail)

b. This manager has great managerial qualities and easily manages his staff. (manage)

c. This joyful couple joyfully got married but their marriage soon became joyless. (joy)

foucherconnect.fr/21ang13

© Éditions Foucher

12. Les contraires avec préfixes ou suffixes

Les contraires se construisent avec des préfixes ou des suffixes.

- **Les préfixes**
  - *un-*
    - ▸ *able/unable*
      capable/incapable
  - *im-*
    - ▸ *patient/impatient*
      patient/impatient
  - *in-*
    - ▸ *efficient/inefficient*
      efficace/inefficace
  - *il-*
    - ▸ *legal/illegal*
      légal/illégal
  - *ir-*
    - ▸ *regular/irregular*
      régulier/irrégulier
  - *dis-*
    - ▸ *honest/dishonest*
      honnête/malhonnête
    - ▸ *like/dislike*
      aimer/détester
  - *de-*
    - ▸ *centralise/decentralise*
      centraliser/décentraliser

- **Les suffixes**
  - *ful* (vient du mot « *full* » : plein de)
  - *less* (marque la privation : sans)
    - ▸ *careful* ≠ *careless*
      prudent, soigneux ≠ imprudent, négligent
    - ▸ *colourful* ≠ *colourless*
      coloré ≠ incolore, sans couleur
    - ▸ *useful* ≠ *useless*
      utile ≠ inutile

Je réussis

1. Reliez chaque mot à son contraire. Puis, traduisez le mot contraire.

a. happy •	• **1.** disorganised ....
b. logical •	• **2.** joyless ....
c. joyful •	• **3.** intolerant ....
d. organised •	• **4.** unhappy ....
e. tolerant •	• **5.** illogical ....

© Éditions Foucher

2. Trouvez le contraire du mot donné et traduisez-le.

Ex. : unpleasant ≠ *pleasant* → déplaisant ≠ *plaisant*

a. indiscreet ≠ .... → indiscret ≠ ....

b. unstable ≠ .... → instable ≠ ....

c. hopeless ≠ .... → désespéré ≠ ....

d. untidy ≠ .... → négligé ≠ ....

e. disloyal ≠ .... → déloyal ≠ ....

3. Rayez le mot qui ne convient pas.

a. My tutor helps me a lot. She is really helpful / helpless.

b. He refuses to accept opinions different from his own ideas. He is tolerant / intolerant.

c. If you respect the law, your activity is legal / illegal.

d. When the decision is transferred from a central government to local authorities, it is centralised / decentralised.

4. Écoutez et complétez. foucherconnect.fr/21ang14

a. I .... it when films are three hours long. I feel they are ....

b. When work is ...., it is often ....

c. He works .... hours. He is .... when he works at night.

d. They were very afraid. They felt .... and were .... to move.

5. Complétez à l'aide d'un des mots ci-dessous et de son contraire :
careful – honest – patient – hopeful

a. Her brother is calm and .... But she can't wait. She is very ....

b. They should be more .... to avoid accidents. They are too relaxed and ....

c. She was despairing and feeling .... after she lost her job. But she started a new career and she is .... again.

d. He is always sincere and .... He hates .... people who do not tell the truth or try to cheat.

© Éditions Foucher

13. L'heure en toutes lettres

Pour donner l'heure traditionnelle, on indique d'abord les minutes et ensuite les heures.

- **to**
  - *It's quarter to eleven.* Il est onze heures moins le quart (10 h 45).
  - *It's three minutes to three.* Il est trois heures moins trois (2 h 57).

- **past**
  - *It's twenty past three.* Il est trois heures (passées de) vingt (minutes) (3 h 20).
  - *It's half past four.* Il est quatre heures et demie (4 h 30).

- ***o'clock*** (= pile). ▸ *It's 5 o'clock.* Il est 5 h/17 h.

am **: le matin**
pm **: l'après-midi ou le soir**

- *It's 10 am.* Il est 10 h (du matin).
- *It's 3 pm.* Il est 15 h (3 h de l'après-midi).

midday = *noon* (midi) / *midnight* (minuit).
- *It's 12 pm. = It's midday. = It's noon.*

Pour donner l'heure digitale, on lit simplement les nombres du cadran dans l'ordre.

- Pour lire ces cadrans, on dira :
  - *It's four fifteen.*
  - *It's nine thirty.*
  - *It's eleven forty.*
  - *It's eight oh four.*

© Éditions Foucher

Je réussis

1. Écoutez et soulignez les horaires que vous entendez. foucherconnect.fr/21ang15

a. 6:20 – 6:40
b. 8:05 am – 8:15 am
c. 10:30 am – 10:30 pm
d. 2:25 pm – 2:35 pm
e. 6:00 pm – 6:05 pm
f. 11 pm – 12 am

foucherconnect.fr/21ang16

2. Associez les horaires aux horloges.

a. It's quarter past two.
b. It's ten to five.
c. It's twenty-five past ten.
d. It's twenty to eight.

3. Écrivez en toutes lettres les horaires suivants de façon traditionnelle.

a. ....

b. ....

c. ....

d. ....

4. Écoutez et inscrivez l'horaire digital sur ces cadrans. foucherconnect.fr/21ang17

a. 
b. 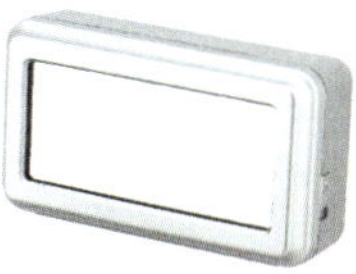
c. 
d. 
e. 
f. 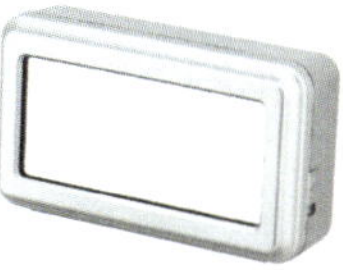

© Éditions Foucher

14. Les dates

Il existe 2 manières d'écrire ou de dire une date en anglais. On utilise souvent les nombres ordinaux (*1st, 2nd, 3rd, 4th*…).

• **En anglais britannique (UK)**

– On écrit :	– On dit :
11 July 2020 *11th July 2020* *11/7/2020*	*(the) eleventh of July, twenty twenty/two thousand and twenty*

• **En anglais américain (US)**

– On écrit :	– On dit :
July 11, 2020 *July 11th, 2020* *7/11/2020*	*July (the) eleventh, twenty twenty/two thousand and twenty*

• **Devant une date, on utilise les prépositions :**
– *in* pour une année ou un mois.
 ▸ *In January; in 2020.*
– *on* pour un jour de la semaine, pour une date précise.
 ▸ *On Monday; on March 6th, 2021.*

BE CAREFUL !

• Un nombre ordinal se forme avec *-th* (*4th, 5th, 6th*…), sauf :
▸ *1st, 21st, 31st ;*
▸ *2nd, 22nd ;*
▸ *3rd, 23rd.*

Je réussis

1. Dites ces dates à haute voix.
Écoutez et vérifiez. foucherconnect.fr/21ang18

a. 26/05/1985 (UK) **c.** 12/25/2007 (US)
b. 07/04/1998 (UK) **d.** 02/06/1976 (US)

2. Écrivez ces dates en toutes lettres.

a. 19/01/2000 (UK) → ....

b. 04/03/1998 (US) → ....

c. 13/11/2012 (UK) → ....

....

© Éditions Foucher

15. L'impératif

L'impératif s'emploie pour donner un ordre, des instructions, une recommandation ou pour interdire à quelqu'un de faire quelque chose.

• Forme affirmative

V

- *Be quiet!* Tais-toi/Taisez-vous !
- *Take your computer.* Prends ton ordinateur./Prenez votre ordinateur.

• Forme négative

***DON'T* + V**

- *Don't shout!* Ne crie/criez pas !
- *Don't touch the oven.* Ne touche pas le four./Ne touchez pas le four.

Je réussis

BE CAREFUL !

• Les adverbes *always* et *never* se placent toujours avant le verbe.

- *Always take your ID card.*

1. Écoutez et complétez les recommandations suivantes. Puis indiquez l'image qui correspond.

foucherconnect.fr/21ang20

a. .... your nose with a tissue when you cough → picture n° .....

b. When you're done with it, ... it in the bin. → picture n° .....

c. Always .... a face mask. → picture n° .....

d. .... your hands for at least 20 seconds. → picture n° .....

e. .... your distance from others. → picture n° .....

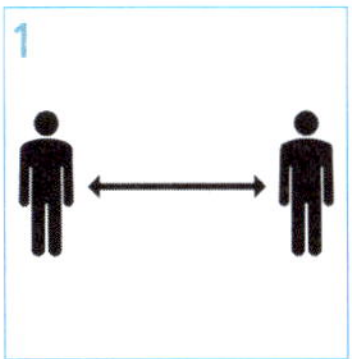

2. Traduisez en anglais.

a. Allez tout droit et tournez à gauche. ....

b. Ne conduis pas trop vite ! ....

c. Lavez et coupez trois tomates. ....

© Éditions Foucher

16. Be et *have* au présent

On emploie surtout les verbes ***be*** et ***have*** pour faire une description. Généralement :
- *be* correspond au verbe « être » ;
- *have* correspond au verbe « avoir ».

Forme affirmative	Forme négative	Forme interrogative	Réponses brèves
I **am**/**'m**	I **am not**/**'m not**	**Am** I?	Yes, I **am** No, I**'m not**
you / we / they **are**/**'re**	you / we / they **are not**/**aren't**	**Are** you / we / they?	Yes, you / we / they **are** No, you / we / they **aren't**
he / she / it **is**/**'s**	he / she / it **is not**/**isn't**	**Is** he / she / it?	Yes, he / she / it **is** No, he / she / it **isn't**

Forme affirmative	Forme négative	Forme interrogative	Réponses brèves
I / you / we / they **have**	I / you / we / they **do not have**/ **don't have**	**Do** I / you / we / they **have**?	Yes, I / you / we / they **do** No, I / you / we / they **don't**
he / she / it **has**	he / she / it **does not have**/ **doesn't have**	**Does** he / she / it **have**?	Yes, he / she / it **does** No, he / she / it **doesn't**

- Pour parler de la possession, on peut employer ***have got***.
  - *He **has/'s got** a new car.*
  - *They **haven't got** a big flat.*
  - ***Have** you **got** a cat?*

Je réussis

1. Soulignez la forme correcte du verbe *be* conjugué au présent à la forme affirmative.

a. My name am/is Ethan.

b. I am/are fifteen.

c. My hobbies is/are playing video games and surfing.

d. My father and my brother is/are mechanics.

BE CAREFUL !

- Dans certains cas, on emploie *be* pour traduire « avoir ».
  - *I am sixteen.* J'ai seize ans.
  - *He is twenty.* Il a vingt ans.
  - *She is cold.* Elle a froid.
  - *They are hungry.* Ils ont faim.

2. Complétez avec le verbe *have* conjugué au présent, à la forme qui convient (+ : forme affirmative ; – : forme négative ; ? : forme interrogative).

a. Jenifer .... green eyes. (+)

b. Her parents .... any other children. (–)

c. .... this car .... Bluetooth and a sat nav system*? (?)

d. How many sisters and brothers .... you got? (?)

*satellite navigation = GPS

3. Traduisez en anglais.

a. Avez-vous une voiture ? ....

b. Nous ne sommes pas à l'école aujourd'hui. ....

c. Inverness est une grande ville écossaise. ....

4. Complétez avec : *has – hasn't – is – isn't*.

a. How tall .... she? - I don't know.

b. Paola .... afraid of spiders.

c. My elder brother .... got an Australian girlfriend.

d. She .... got a driving licence; she travels by bus.

5. Écrivez ces énoncés sans contraction.

a. Jen's angry because her boyfriend is late. ....

....

b. They aren't tall and very muscular. ....

c. My neighbour's got a hybrid car. ....

© Éditions Foucher

17. Le présent simple

La formation du présent simple

• Forme affirmative

– I / you / we / they + V
 ▸ *I live, you live, we live, they live.*

– he / she / it + V-s
 ▸ *he lives, she lives, it lives.*

– he / she / it + V-es après les verbes se terminant par *-o, -sh, -ch, -ss, -x*
 ▸ *I go, he goes. You watch, she watches.*

– he / she / it + V-ies pour les verbes se terminant par une consonne *+y*
 ▸ *I carry, he carries.*
 ▸ *We study, she studies.*

• Forme interrogative

– Do + I / you / we / they + V?
 ▸ *Do you live? Do they live?*

– Does + he / she / it + V?
 ▸ *Does she live?*

• Forme négative

– I / you / we / they + don't + V
 ▸ *I don't work, you don't play.*

– he / she / it + doesn't + V
 ▸ *He doesn't work.*

Les emplois du présent simple

• actions habituelles
 ▸ *We often play football.* Nous jouons souvent au football.

• vérités générales
 ▸ *Mechanics repair cars.* Les mécaniciens réparent les voitures.

• opinions, goûts
 ▸ *I think he loves chocolate.* Je pense qu'il adore le chocolat.

Je réussis

1. Ajoutez *-s* ou *-es* aux verbes si nécessaire.

a. They work....
b. He walk s
c. You come....
d. I run....
e. The dog play s
f. She love s
g. The machine wash es
h. We go....
i. Lisa do es
j. I want....

BE CAREFUL !

• Les adverbes de fréquence (*always, never, often, sometimes, usually...*) se placent après l'auxiliaire, mais avant le verbe.

▸ *He is always late.*

▸ *I often listen to music.*

▸ *Does she usually take the bus?*

© Éditions Foucher

2. Réécrivez en mettant le verbe à la 3e personne du singulier. Puis, justifiez l'emploi du présent simple en cochant la case qui correspond.

a. They prefer working from home. → Ryan prefers

❒ actions habituelles ❒ vérités générales ☑ opinions, goûts

b. Students study at a university. → A student studies

❒ actions habituelles ☑ vérités générales ❒ opinions, goûts

c. I always go to school by bus. → Britt always goes

☑ actions habituelles ❒ vérités générales ❒ opinions, goûts

3. Utilisez les éléments ci-dessous pour poser des questions au présent simple.

a. you / like / chocolate / ? Do you like chocolate?

b. she / often / run / in the morning / ? Does she often run in the morning

c. Where / you / live / ? Where do you live

d. What time / he / start / ? ~~he is what time~~

4. Réécrivez ces phrases à la forme négative.

a. I take the bus every day. I don't take ~~the~~ bus every day.

b. The train leaves at 10. The train doesn't leaves at 10.

c. She finishes work at 5. She doesn't work at 5.

d. We want to travel by plane. We don't want to travel by plane.

5. Classez les verbes en fonction de leur prononciation à la 3e personne du singulier. Puis écoutez et vérifiez. foucherconnect.fr/21ang21

~~plays~~ – ~~carries~~ – ~~hopes~~ – ~~goes~~ – ~~washes~~ – ~~wants~~ – ~~loves~~ – ~~dresses~~ – ~~thinks~~

/s/	~~play~~ wants, hopes, thinks
/z/	plays, goes, loves
/iz/	carries, ~~goe~~ waches, dreses

Écoutez et répétez les verbes suivants à la 3e personne du singulier :
She likes – He wants (son **/s/**)
He lives – She prefers (son **/z/**)
She watches – He boxes (son **/iz/**)

foucherconnect.fr/21ang22

© Éditions Foucher

18. Le présent en *be + -ing*

Le présent en *be + -ing* (ou présent progressif) permet de :
– décrire une action en cours ;
– exprimer ce que l'on a l'intention de faire dans un futur proche.

• Il se forme avec l'auxiliaire ***be*** conjugué **au présent** et le **verbe en *-ing***.

Forme affirmative	Forme négative	Forme interrogative
I am V-ing ▸ *I am playing tennis.* Je suis en train de jouer au tennis.	I am not V-ing ▸ *I am not playing tennis.*	Am I V-ing? ▸ *Am I playing tennis?*
you/we/they are V-ing ▸ *They are travelling in the US.*	you/we/they are not V-ing ▸ *They are not travelling in the US.* Ils ne voyagent pas (en ce moment) aux États-Unis.	Are you/we/they V-ing? ▸ *Are they travelling in the US?*
he/she/it is V-ing ▸ *She is running tomorrow.*	he/she/it is not V-ing ▸ *She is not running tomorrow.*	Is he/she/it V-ing? ▸ *Is she running tomorrow?* Court-elle (a-t-elle l'intention de courir) demain ?

• **Ajout de *-ing* à la fin du verbe**
– Dans la plupart des cas.
▸ *go → going*
▸ *visit → visiting*

• **Doublement de la consonne finale**
– Pour les verbes d'une syllabe, qui se terminent par une seule consonne t, d, p, n, m.
▸ stop → stopping
▸ run → running

• **Suppression du *e* final**
– Pour les verbes qui se terminent par un seul *e*.
▸ *write → writing*
▸ *come → coming*

BE CAREFUL !

• Certains verbes sont rarement utilisés à la forme progressive (V-*ing*) et se conjuguent donc en général au présent simple : *want – prefer – understand – like – love – hate – know*

© Éditions Foucher

Je réussis

1. Utilisez les éléments suivants pour rédiger des énoncés au présent en *-ing*.

a. I / write / a letter. I writting a letter

b. Why / they / laugh? Why are they laugh.

c. We / not / go / to the cinema today. ....

d. John / sing / in the bathroom. ....

e. What / you / wear for your job interview? ....

....

2. Rédigez des énoncés pour décrire l'image à l'aide des verbes suivants :
shine – eat – read – ride a bicycle – wash – buy – jog

a. ....

b. ....

c. ....

d. ....

e. ....

f. ....

g. ....

3. Mettez les verbes à la forme qui convient : présent simple ou présent en *-ing*.

Voir fiche 17
Le présent simple

a. She usually .... late. (arrive)

b. Don't talk to me! I .... my homework. (do)

c. It often .... in January. (snow)

d. "What .... you .... ?" "I .... TV". (do / watch)

e. I .... on Saturdays. (work)

© Éditions Foucher

19. Le prétérit simple

On emploie le prétérit simple pour parler d'une action passée, terminée et souvent datée.

- **Forme affirmative**

Verbes réguliers : S + V-ed

▸ *I watched TV last night.*

– Pour les verbes se terminant déjà par ***-e***, on ne rajoute qu'un *-d*.

▸ *dance → she danced, decide → they decided.*

– Pour les verbes se terminant par **consonne + *-y***, le *-y* se transforme en *-i*.

▸ *study → I studied, carry → he carried.*

– Pour les verbes d'une syllabe se terminant par **consonne – voyelle – consonne**, on double la consonne finale.

▸ *stop → he stopped, chat → they chatted.*

Verbes irréguliers : ils ne suivent pas de règle précise. Il faut les **apprendre**.
(*Cf. liste des verbes irréguliers sur la couverture.*)

▸ *go → I went to London last year.*

- **Forme négative**

S + did not/didn't + V

▸ *I didn't go to the cinema.*

- **Forme interrogative**

Did + S + V + ?

▸ *Did you watch TV last night?*

Écoutez et répétez :
- /d/ : arriv<u>ed</u> – play<u>ed</u> – open<u>ed</u>
- /t/ : wash<u>ed</u> – stopp<u>ed</u> – ask<u>ed</u>
- /id/ : decid<u>ed</u> – add<u>ed</u>
- was – wasn't – were – weren't

foucherconnect.fr/21ang23

***Be* se conjugue différemment.**

Forme affirmative	Forme interrogative	Forme négative
I / She/he/it } was	Was { I / she/he/it + ?	I / She/he/it } was not/wasn't
You / We / They } were	Were { you / we / they + ?	You / We / They } were not/weren't

© Éditions Foucher

Je réussis

1. Complétez avec : *was – wasn't – were – weren't*.

a. Where .... you yesterday? You .... at Tim's party!

b. No, I .... I .... with my brother. We .... at the stadium to see a football match.

c. .... there many spectators?

d. No, there .... because the weather .... awful! It .... snowing and it .... very cold!

2. Conjuguez les verbes entre parenthèses au prétérit.

a. Steve Jobs .... born on February 24th, 1955 in San Francisco. (be)

b. He .... up (grow) and .... (go) to school in Mountain View.

c. He .... working with electronics in his garage with his father. (love)

d. He .... college (attend) but .... the classes interesting. (not / find)

e. At the age of 21, he .... Apple Computer with his friend. (found)

3. Utilisez les éléments ci-dessous pour poser des questions au prétérit.

a. you / like / the last episode of *Game of Thrones* → ....

....

b. Where / you / buy / your bag → ....

c. they / go / to Spain last year → ....

4. Classez les verbes en fonction de la prononciation de la terminaison *-ed*. Puis écoutez et vérifiez. foucherconnect.fr/21ang24

worked – helped – moved – ordered – invited – travelled – included – crossed

/d/	
/t/	
/id/	

BE CAREFUL !

• La prononciation du *-ed* final varie selon la dernière syllabe.
– /d/ en règle générale.
– /t/ après les sons /p/, /k/, /f/, /s/, /ʃ/, /tʃ/.
– /id/ après les sons /d/ et /t/.

© Éditions Foucher

20. Le present perfect

Formation → **auxiliaire *have* au présent + participe passé du verbe**

• Forme affirmative
– *I/you/we/they + have* + participe passé
▸ *I have watched.*
– *He/she/it + has* + participe passé
▸ *He has travelled.*

• Forme interrogative
– *Have + I/you/we/they* + participe passé + ?
▸ *Have you lived (...)?*
– *Has + he/she/it* + participe passé + ?
▸ *Has she seen (...)?*

• Forme négative
– *I/you/we/they + have not* + participe passé
▸ *They have not/haven't worked.*
– *He/she/it + has not* + participe passé
▸ *He has not/hasn't seen.*

Emplois

• Exprimer le résultat présent d'une action passée
▸ *Tim can't come because he has broken his leg.* Tim ne peut pas venir parce qu'il s'est cassé la jambe.
– On utilise souvent le *present perfect* avec ***already*** (déjà), ***not yet*** (pas encore) et ***never*** (jamais).
▸ *He has already travelled to Scotland.*
▸ *They have not done the housework yet.*
▸ *He has never forgotten his keys.*

Voir fiche 37
Les emplois avec ***for*** et ***since***

• Exprimer ce qui vient de se passer avec « *just* »
▸ *They have just finished dinner.* Ils viennent de terminer leur diner.

© Éditions Foucher

Je réussis

1. Mettez les verbes au participe passé. Écoutez et vérifiez. foucherconnect.fr/21ang25

a. play → ....
b. give → ....
c. buy → ....
d. visit → ....
e. read → ....

BE CAREFUL !

- Certains verbes ont un participe passé irrégulier (*cf. liste des verbes irréguliers sur la couverture*).
  - *run → run*
  - *find → found*
  - *hear → heard*

2. Conjuguez les verbes entre parenthèses au *present perfect*.

a. Jen .... already .... the office. (leave)
b. We ....our mother since June 7th. (not see)
c. .... you .... a holiday this month? (have)
d. How long .... you .... in hospital? (be)

3. Soulignez le verbe conjugué qui convient et encadrez les mots qui justifient le temps du verbe.

a. My grandfather didn't read / hasn't read the newspaper yet this morning.
b. The children played / have never played futsal.
c. We didn't visit / haven't visited our grandparents last week.
d. I've already bought / I already bought a new bag yesterday.
e. Tom has just given / just gave his old game console to a charity.

4. Décrivez l'image en indiquant ce qui vient de se passer et en utilisant les verbes suivants conjugués au *present perfect* : *play basketball, fall off his chair, do the housework, spill her cup of tea*.

a. ....
b. ....
c. ....
d. ....

© Éditions Foucher

21. Le futur avec *will*

On emploie *will* + V pour parler d'une action future. *Will* est souvent accompagné de marqueurs de temps comme *tomorrow, next year*…

• Forme affirmative
S + *will* / *'ll* + V
- *They will visit Paris next May.*
  Ils visiteront Paris en mai prochain.
- *She'll be 30 in 2025.*
  Elle aura 30 ans en 2025.

• Forme négative
S + *will not* / *won't* + V
- *They will not come next Monday.*
  Ils ne viendront pas lundi prochain.
- *She won't play next year.*
  Elle ne jouera pas l'année prochaine.

• Forme interrogative
Will + S + V + (…) ?
- *Will he come next week?*
  Viendra-t-il la semaine prochaine ?
- *Will they work tomorrow?*
  Travailleront-ils demain ?

Je réussis

foucherconnect.fr/21ang26

1. Écoutez et complétez avec *will*, *won't* ou *'ll*. Soulignez les marqueurs de temps.

a. Mark ...Will... go on holiday next summer, he ...'ll / Won't... work in a supermarket.

b. ...Will... you take the bus tomorrow morning?

c. Julia ...Will... leave school next June, but she ...Won't... stop studying.

2. Mettez les verbes entre parenthèses au futur.

a. (play) I ...Will play... football next Saturday.

b. (meet) After the match, we ...'ll meet... friends at the pub.

c. (not / stay) But Kate and Tom ...Won't stay... with us.

d. (you / get) ...Will you get... back home immediately?

e. (they / go) Where ...Will they go...? They ...Won't... take the train to London.

© Éditions Foucher

22. Le conditionnel

Le conditionnel se construit le plus souvent avec *would*.

Formation

Forme affirmative	S + *would*/*'d* + V
Forme négative	S + *would not*/*wouldn't* + V
Forme interrogative	*Would* + S + V + (…) ?

Emploi

- Par politesse, pour faire une offre ou une demande.
  ▸ *Would you like a drink?* Aimerais-tu/Voudrais-tu boire quelque chose ?
- Pour exprimer un souhait.
  ▸ *If I had more money, I would/I'd buy a new car.*
  Si j'avais plus d'argent, j'achèterais une nouvelle voiture.
- Pour respecter la concordance des temps.
  ▸ *He said he would not/wouldn't call me.* Il m'a dit qu'il ne m'appellerait pas.

Je réussis

1. Mettez les verbes entre parenthèses au conditionnel.

a. If I spoke English, it .... easier to travel. (be)

b. What .... you .... for dinner? (like)

c. If I had time, I .... some sport. (do)

d. She told me she .... to my birthday party. (not / come)

e. .... you .... America if you had enough money? (visit)

BE CAREFUL !

- *should* et *could* peuvent se traduire par un conditionnel.
  ▸ *You should sing.* Tu devrais chanter.
  ▸ *You could sing.* Tu pourrais chanter.

© Éditions Foucher

23. Le passif

Le passif met en valeur le résultat d'une action ou insiste sur celui (personne ou objet) qui subit l'action.

- **Forme active** (le sujet fait l'action) : *The cat eats the mouse.*
  Le chat mange la souris.

- **Forme passive** (le sujet subit l'action) : *The mouse is eaten <u>by</u> the cat.*
  La souris est mangée par le chat.

Construction

- **S + *be* conjugué + participe passé du verbe (+ *by* + complément)**

– **Présent :** *is / are* + participe passé
 ▸ *The parcel is delivered by the post.* Le paquet est livré par la Poste.

– **Présent en *–ing* :** *is / are* + *being* + participe passé
 ▸ *The clothes are being washed.* Les vêtements sont en train d'être lavés.

– **Prétérit :** *was / were* + participe passé
 ▸ *They were arrested by the police.* Ils ont été arrêtés par la police.

– **Present perfect :** *has / have* + *been* + participe passé
 ▸ *This actor has already been nominated.* Cet acteur a déjà été nominé.

– **Futur :** *will* + *be* + participe passé
 ▸ *I will be hired by the firm.* Je serai embauché par l'entreprise.

Je réussis

1. Indiquez si ces énoncés sont à la forme active ou passive.

a. We are having lunch with friends. ❒ Forme active ❒ Forme passive

b. Pizzas will be delivered at 1 o'clock. ❒ Forme active ❒ Forme passive

c. The salads have just been prepared. ❒ Forme active ❒ Forme passive

d. We have brought the drinks. ❒ Forme active ❒ Forme passive

© Éditions Foucher

2. Complétez en mettant le verbe entre parenthèses à la forme passive au présent.

a. A new school .... in Manchester. (open)

b. New tables .... (bring)

c. The cake .... by pupils. (choose)

d. Parents .... (invite)

BE CAREFUL !

- Le passif se traduit souvent en utilisant le pronom « on ».

▸ *English is spoken here.* On parle anglais ici.

▸ *My car is being washed.* On est en train de laver ma voiture.

3. Rayez l'auxiliaire qui ne convient pas et soulignez le temps employé.

a. Look! The walls are/have being covered with spider webs for Halloween. (*présent en -ing / present perfect*)

b. Many houses is/are decorated with pumpkins. (*présent / futur*)

c. America is/was discovered in 1492 by Christopher Columbus. (*présent / prétérit*)

d. A new US President was/will be elected next year. (*prétérit / futur*)

e. More than 40 presidents are/have been elected since US Independence. (*présent / present perfect*)

4. Complétez les éléments manquants dans les phrases à la forme passive.

a. Mark opened the door. → .... was opened by ....

b. Lucy has given the gift. → The gift .... by ....

c. Tom will not repair the car. → .... will not be .... by Tom.

d. Workers are building a garage. → A garage .... by workers.

5. Mettez ces phrases à la forme passive.

a. Farmers sell fresh vegetables at the market.

....

b. Young boys stole my bike.

....

c. My boyfriend has sent a postcard.

....

d. The doctor will see the patients later.

....

© Éditions Foucher

24. There is / There are

There is / are (« il y a ») s'emploie dans les descriptions.

- ***There is* + nom au singulier**
  - *There is a car in the garage.* Il y a une voiture dans le garage.
  - *There isn't any sugar / there is no sugar.* Il n'y a pas de sucre.
  - *Is there any sugar?* Y a-t-il du sucre ?

- ***There are* + nom au pluriel**
  - *There are two cars in the garage.* Il y a deux voitures dans le garage.
  - *There aren't any boys / there are no boys in my class.* Il n'y a pas de garçons dans ma classe.
  - *Are there any boys in your class?* Y a-t-il des garçons dans ta classe ?

Je réussis

1. Complétez avec *there is / there are / is there / are there*.

a. How many inhabitants .... in London?

b. .... about 10,000 foxes living in London.

c. .... a French restaurant near the station?

d. Next to the River Thames, ... a famous castle.

e. .... many tourists in the summer?

BE CAREFUL !

- ***There is / there are*** se conjuguent à tous les temps. Il suffit de conjuguer *be* au temps voulu.
  - *There was / there will be / there would be.* Il y avait / il y aura / il y aurait.

2. Complétez les phrases pour dire ce qu'il y a ou ce qu'il n'y a pas dans la valise.

a. .... a cell phone.

b. .... flip-flops.

c. .... no glasses.

d. .... a tube of sunscreen.

e. .... a camera.

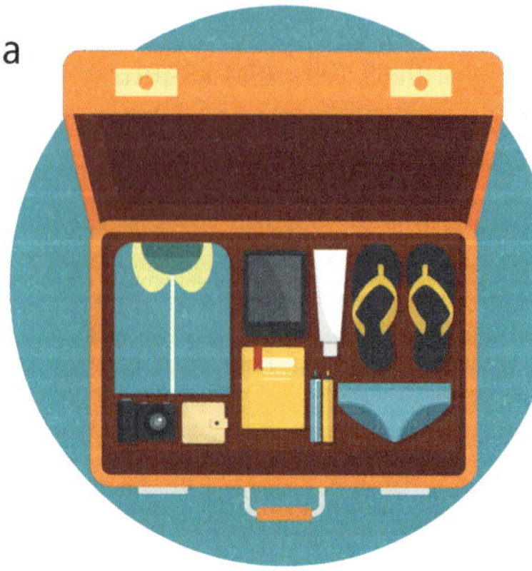

© Éditions Foucher

25. Les verbes de sentiment

Les verbes de sentiment sont suivis d'un groupe nominal ou d'un verbe en *-ing*.

- **Pour dire ce que l'on aime**
  ♥♥ I *love* j'adore
  ♥ I *like* j'aime (bien)
  ♥ I *enjoy* j'apprécie
  ♥ I'*m fond of* j'aime bien
  ♥ I'*m keen on* j'aime beaucoup
  ▸ *I love my family. I enjoy spending time with them.*

- **Pour dire ce que l'on n'aime pas**
  ~~♥♥~~ I *hate* je déteste
  ~~♥♥~~ I *can't stand* je ne supporte pas
  ~~♥~~ I *dislike / don't like* je n'aime pas
  ▸ *I can't stand people phoning at the restaurant.*

- **Pour dire ce qui importe peu**
  I *don't mind* ça m'est égal
  ▸ *I don't mind spiders.*

- **Pour dire ce que l'on préfère :**
  I *prefer* je préfère
  ▸ *I prefer drinking coffee.*

Je réussis

BE CAREFUL !

- Pour exprimer sa préférence entre deux éléments, on utilise « *to* » après « *prefer* ».

▸ *I prefer tennis to rubgy.*
▸ *I prefer surfing the Net to reading a book.*

1. Écoutez et complétez. foucherconnect.fr/21ang27

	♥	~~♥~~	=
Harry	....	....	....
Kate	....	....	....

2. Rédigez des énoncés à partir des éléments suivants.

a. I ♥ 

....

b. She ♥ ♥ 

....

....

c. Joshua ♥  +  −

....

....

d. We ~~♥~~ ~~♥~~ 

....

....

e. Andrea ~~♥~~ 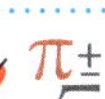

....

....

© Éditions Foucher

26. Les questions en *wh-*

La formation des questions en *wh-* est généralement :
Mot interrogatif + auxiliaire + S + V (+ compléments) + ?

• Les mots interrogatifs

– ***what*** → que, quel, quelle
 ▸ *What did you buy at the supermarket?*
 Qu'as-tu acheté au supermarché ?

– ***where*** → où
 ▸ *Where did you buy your motorbike?*
 Où as-tu acheté ta moto ?

– ***when*** → quand
 ▸ *When will you go on holiday?*
 Quand partiras-tu en vacances ?

– ***who*** → qui
 ▸ *Who is this young boy?*
 Qui est ce jeune homme ?

– ***which*** → (le)quel, (la)quelle, (les)quel(le)s
 ▸ *Which bag would you prefer?*
 Quel sac préfèrerais-tu ?
 ▸ *Which do you want to buy?*
 Le/la/lesquel(le)(s) veux-tu acheter ?

– ***why*** → pourquoi
 ▸ *Why are you angry?*
 Pourquoi es-tu en colère ?

– ***how*** → comment
 ▸ *How do you do?*
 Comment vas-tu ?

Je réussis

1. Complétez avec le mot interrogatif qui convient.

a. .... country would you prefer to visit, England or Scotland?

b. .... did you go there? I don't know.

c. .... is Montreal located? It's in Canada.

d. .... are you today? Fine, thank you.

e. .... will you do next summer? I'll go to Canberra.

BE CAREFUL !

• Si le mot interrogatif est sujet, la question ne comporte pas d'autre sujet.
▸ *What is happening?* Qu'est-ce qui se passe ? *What happened?* Qu'est-ce qui s'est passé ?

foucherconnect.fr/21ang28

2. Traduisez en anglais.

a. Qui est le gagnant ? ....

b. Quand joues-tu au tennis ? ....

© Éditions Foucher

27. Les réponses courtes

Pour répondre à une question par « oui » ou « non » :
***yes / no* + pronom sujet + auxiliaire.**

- L'auxiliaire de la réponse courte est le même que celui de la question.
  - *Is Tom at school? Yes, he is / No, he isn't.*
  - *Can your sisters swim? Yes, they can / No, they can't.*
  - *Did you go to the cinema yesterday? Yes, I did / No, I didn't.*
  - *Will you travel abroad next summer? Yes, we will / No, we won't.*

Je réussis

1. Complétez avec des réponses courtes.

a. Are the neighbours washing their car? Yes, ...

b. Do the students have lunch at home? No, ...

c. Did your friends and you go to this restaurant yesterday? Yes, ...

d. Will you go to the pub tomorrow? Yes, ...

e. Have you ever been kitesurfing? No, ...

2. Écoutez et complétez. foucherconnect.fr/21ang29

a. Will you go to Spain next month? I really ....

b. Are your parents Greek? Yes, ...

c. Are you good at maths? I ....

d. Is it going to be sunny today? I ....

e. Did you enjoy visiting the Guggenheim Museum? No, ...

BE CAREFUL !

- Des expressions permettent aussi de répondre brièvement.
  - *I think so.* / *I don't think so.* Oui, je crois. / Non, je ne crois pas.
  - *I hope so.* / *I hope not.* J'espère. / J'espère que non.
  - *I suppose so.* / *I suppose not.* Je suppose. / Je suppose que non.

© Éditions Foucher

28. Les propositions relatives

Le **pronom relatif** permet d'introduire une proposition subordonnée relative. Il représente et remplace son antécédent placé généralement devant lui.

- **Qui**
  - *who* (pour un humain).
    - *The girl who is singing is my sister.* La fille qui chante est ma sœur.
  - *which* (pour un non humain).
    - *The video which was selected was not my favourite.* La vidéo qui a été sélectionnée n'était pas ma préférée.
    - *My cousin has a dog which is very cute.* Mon cousin a un chien qui est très mignon.

- **Où**
  - *where* (pour un lieu).
    - *The company where I work is near the town centre.* L'entreprise où je travaille est près du centre-ville.
  - *when** (pour un moment).
    - *I remember the day (when) I met you.* Je me souviens du jour où je t'ai rencontré.

* N.B. « *when* » peut être omis : "*I remember the day I met you.*"

Je réussis

1. Entourez le pronom relatif, soulignez l'antécédent et surlignez la proposition relative.

a. The restaurant which is near my house offers free cinema tickets.

b. I prefer going to the bar where we met last week.

c. We could invite the boy who is in your class.

d. 2018 was the year (when) he arrived in France.

e. The girl who wears a blue jacket is his sister.

foucherconnect.fr/21ang30

2. Rayez le pronom relatif qui ne convient pas.

a. The person who/which works here is from my village.

b. He lives in the house who/which is near the river.

© Éditions Foucher

c. 2019 was the year where/(when) he got the job here.

d. He was trained in a school where/(when) he could work as an apprentice.

3. Reliez chaque proposition principale à sa proposition relative.

a. Saturday is the day •
b. She lives in a small flat •
c. She has a black cat •
d. She is the only person •

• **1.** where there are many plants.
• **2.** who understands me.
• **3.** (when) I visit my grandmother.
• **4.** which always enjoys sitting on me.

4. Écoutez et complétez. foucherconnect.fr/21ang31

I had a work placement in the .... is in Main Street. The boss was a very nice .... helped me a lot. I enjoyed working in a .... everyone collaborates. I was very sad on .... I left. I hope I can work in this supermarket again.

5. Transformez deux phrases simples en une phrase complexe comprenant une proposition relative introduite par *who* ou *which*.

Ex.: Brad lives next door. Brad plays football with me.
Brad, who lives next door, plays football with me.

a. Helen is my sister's friend. Helen has invited us to her birthday party.

....

b. We had a drink in a pub. The pub was very well decorated.

....

6. Soulignez les antécédents et ajoutez les pronoms relatifs qui conviennent.

Hi from Brighton! I'm on holiday with my older sister .... offered me to visit the South of England with her. The site .... we are camping is near the seaside. We enjoy going to a little beach .... is not too far from our campsite. We have already visited the Royal Pavilion, ... is really beautiful with its oriental interior. We also went to Brighton Aquarium, ... we loved admiring the dolphins. I have new friends .... come from Scotland. I met them on the day .... we visited the aquarium. We often have fun together. See you soon… Love, Rita

© Éditions Foucher

29. Le comparatif

Pour comparer deux éléments entre eux, on utilise :

• Le comparatif de supériorité (plus… que)

• Adjectifs courts

– 1 syllabe prononcée (*tall/small/large*) : **adjectif** + ***er*** (+ ***than***).
▸ *France is smaller than Australia.*
La France est plus petite que l'Australie.

– Adjectif qui se termine par « consonne-voyelle-consonne » (*big/hot*) : **doublement de la dernière consonne** + ***er*** (+ ***than***).
▸ *bigger / hotter.* plus grand / plus chaud.

– 2 syllabes qui se terminent en *-y* (*funny/pretty*) : **le *-y* se transforme en *-i*.**
▸ *Homer Simpson is funnier than Marge.*
Homer Simpson est plus drôle que Marge.

• Adjectifs longs

– 2 syllabes prononcées et plus (*expensive, polluted…*) :
more + **adjectif** (+ ***than***)
▸ *Rio is more polluted than Paris.*
Rio est plus polluée que Paris.

• Comparatifs irréguliers

good (bon) → *better* (meilleur)
bad (mauvais) → *worse* (pire)
far (loin) → *further/farther* (plus loin)

• Le comparatif d'infériorité (moins… que)

– ***less*** + adjectif (+ ***than***)
▸ *Football is less violent than rugby.* Le football est moins violent que le rugby.

• Le comparatif d'égalité (aussi… que)

– ***as*** + adjectif + ***as***
▸ *Geography is as interesting as History.* La géographie est aussi intéressante que l'histoire.

© Éditions Foucher

Je réussis

1. Classez les adjectifs dans le tableau ci-dessous : *tall – attractive – violent – short – busy – intelligent – nice – pleasant*

Adjectifs courts	Adjectifs longs

2. Mettez les adjectifs au comparatif de supériorité (+), d'infériorité (–) ou d'égalité (=).

a. long (+) → ....

b. amusing (–) → ....

c. expensive (=) → ....

d. large (+) → ....

e. hot (+) → ....

f. funny (=) → ....

g. dangerous (+) → ....

h. pretty (+) → ....

Écoutez et répétez les adjectifs suivants : *nice – large – white – fine – brave*
On n'entend qu'une seule syllabe. Ce sont donc des adjectifs courts.

foucherconnect.fr/21ang32

3. Utilisez le comparatif de supériorité (+) pour comparer les éléments suivants.

a. American football / rugby (violent)

....

b. September / January (cold)

....

c. Indian food / French food (spicy)

....

BE CAREFUL !

• Les adjectifs de 2 syllabes en *-ow* ou *-er* (*narrow / clever*) sont considérés comme des adjectifs courts.

4. Traduisez les phrases suivantes.

a. Ma sœur est plus jeune que mon frère.

....

b. Voyager en train est plus confortable que voyager en voiture.

....

c. Londres est aussi attirante que Paris mais c'est plus bruyant.

....

© Éditions Foucher

30. Le superlatif

Pour exprimer la supériorité ou l'infériorité d'un élément par rapport à tous les autres, on utilise :

• Le superlatif de supériorité (le plus… [de tous]), qui se forme différemment selon que l'adjectif est **court** ou **long**.

• **Adjectifs courts**
– 1 syllabe (*tall / small / large*) :
the + **adjectif** + ***-est***
▸ *It's the largest city I've ever seen.* C'est la ville la plus grande que j'ai jamais vue.
– Adjectif de 2 syllabes se terminant en *-y* (*funny / pretty*) :
the + **adjectif** + ***-iest***
▸ *She is the funniest girl in her school.* Elle est la fille la plus drôle de son école.
– Adjectif qui se termine par « consonne-voyelle-consonne » (*big / hot*) :
the + **adj. court avec doublement de la dernière consonne** + ***-est***
▸ *the biggest / the hottest*

• **Adjectifs longs**
– 2 syllabes et plus (*expensive, polluted*) :
– ***the most*** + **adjectif**
▸ *For me, Maths is the most interesting subject.* Pour moi, les mathématiques sont la matière la plus intéressante.

• L'élément de référence est introduit par :
– ***in*** en règle générale.
▸ *She is the best pupil in the class.* C'est la meilleure élève de la classe.
– ***of*** pour les périodes de temps.
▸ *It is the best song of the year.* C'est la meilleure chanson de l'année.

• Attention ! **Superlatifs irréguliers**
good (bon) → *the best* (le meilleur)
bad (mauvais) → *the worst* (le pire)
far (loin) → *the furthest / the farthest* (le plus loin)

• Le superlatif d'infériorité (le moins… [de tous]).

• ***the least*** + **adjectif**
▸ *This is the least interesting TV programme.* C'est le programme TV le moins intéressant.

© Éditions Foucher

Je réussis

1. Utilisez les éléments suivants pour rédiger des énoncés avec des superlatifs de supériorité (+) ou d'infériorité (–).

a. *Lucifer* is .... series I've ever watched. (fascinating +)

b. Brexit has been .... political event in Europe in the last century. (expected –)

c. I think Michele Obama is .... person in the world. (kind +)

d. Donald Trump has been .... US president in terms of international policy. (popular –)

2. Observez le document et rédigez 4 énoncés en utilisant les adjectifs proposés (en bleu) et le superlatif de supériorité et/ou d'infériorité.

a. ....

b. ....

c. ....

d. ....

3. Complétez avec : *better, best, worse* ou *worst*.

a. My .... friend has just decided to travel around the world.

b. The TV show last night was .... than I expected: the actors were brilliant and very funny!

c. The .... experience of my life was a car accident two years ago.

d. This winter is even .... than last winter: there were terrible snowfalls and the temperature went down to -15° several times.

© Éditions Foucher

31. La possibilité, la capacité, l'obligation

Les modaux *can* et *must* sont invariables et sont suivis d'un verbe à l'infinitif sans *to* (V). Ils se comportent comme des auxiliaires.

- ***can* (pouvoir)**
  - la possibilité.
    - *Can they come?* Peuvent-ils venir ?
    - *He can smoke outdoors.* Il peut fumer à l'extérieur.
  - la capacité ou l'incapacité.
    - *She can swim.* Elle peut/sait nager.
    - *He can't swim.* Il ne peut/sait pas nager.

- ***must* (devoir)**
  - l'obligation (avec *must*).
    - *You must work.* Tu dois travailler (il faut que tu travailles).
  - l'interdiction (avec *mustn't*).
    - *He mustn't smoke here.* Il ne doit pas fumer ici (c'est interdit).

Have to **(conjugué) + V → obligation**
Not have to **(conjugué) + V → absence de nécessité ou d'obligation.**

- *She has to go. They have to go.* Elle doit partir. Ils doivent partir.
- *You don't have to come.* Tu n'as pas besoin/n'es pas obligé(e) de venir.
- *He doesn't have to buy bread.* Il n'a pas besoin/n'est pas obligé d'acheter du pain.

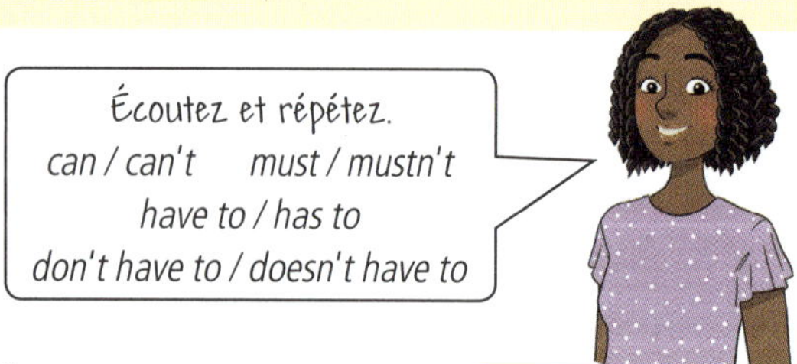

foucherconnect.fr/21ang34

Je réussis

1. Mettez les phrases à la forme négative.

a. He can speak Italian → ....

b. You must stop here → ....

c. She has to get up at 6. → ....

© Éditions Foucher

2. Rayez la mauvaise proposition.

a. Ducks can/can't fly and swim. But penguins can/can't fly.

b. Kangaroos can/can't jump, but can/can't they swim? Yes, they can.

c. You must/mustn't feed the ducks in parks: it is bad for their health.

d. People have to/don't have to walk their dogs every day.

3. Reliez chaque énoncé au sens exprimé.

a. Usain Bolt can run very fast. •

b. Champions must train very often. •

c. You don't have to be sporty to watch competitions. •

d. The match can be postponed[1] if it keeps raining. •

e. Basketball players mustn't kick[2] the ball. •

• obligation

• capacité

• possibilité

• interdiction

• absence de nécessité

1. reporté ; 2. frapper avec le pied

4. Complétez avec : *can, can't, must, mustn't, don't have to*. Puis, écoutez et vérifiez.

foucherconnect.fr/21ang35

a. This cleaning robot .... wash the floor but it .... open doors.

b. You .... be very careful because the robot is fragile.

c. You .... charge the batteries because it is done automatically.

d. You .... forget to block the access to the stairs.

5. Traduisez.

a. Lily doit prendre le train à 8 heures.

....

b. Joe sait conduire mais il n'a pas besoin de prendre ma voiture aujourd'hui.

....

c. Nous ne sommes pas obligés de porter un uniforme au travail.

....

d. Je ne dois pas utiliser mon téléphone pendant les heures de travail.

....

© Éditions Foucher

32. Le conseil

Pour donner un conseil, on peut utiliser différentes structures.

- ***SHOULD* (*not*) + V**
  - *You should be nicer!* Tu devrais être plus agréable !
  - *He should not/shouldn't go out.* Il ne devrait pas sortir.

- ***HAD BETTER* (*not*) + V**
  - *She had/'d better work.* Elle ferait mieux de travailler.
  - *You had/'d better not drive.* Tu ferais mieux de ne pas conduire.

- ***If I were…, I WOULD* (*not*) + V**
  - *If I were you, I would go abroad.* Si j'étais toi, je partirais à l'étranger.
  - *If I were him, I would not/wouldn't be late.* Si j'étais lui, je ne serais pas en retard.

- ***Why don't you* + V + (…) ?**
  - *Why don't you go running?* Et si tu allais courir ?

- ***How about* + V *-ing* ?**
  - *How about asking her?* Pourquoi ne pas lui demander ?

- On peut également utiliser le verbe ***advise* (*somebody*) *to* + V**
  - *I advise you to be on time for your appointment.* Je te conseille d'être à l'heure à ton rendez-vous.
  - *I advise you not to forget your passport.* Je te conseille de ne pas oublier ton passeport.

foucherconnect.fr/21ang36

Je réussis

1. Soulignez la bonne proposition.

a. You shouldn't/had better take your umbrella, because it's raining.

b. He should/shouldn't eat so many cakes if he wants to lose weight.

c. You had better/had better not go to bed early. You have to wake up at 5 am.

d. You had better not/should go out tonight. You look tired.

© Éditions Foucher

2. Réordonnez les éléments pour former une phrase correcte.
Écoutez et vérifiez. foucherconnect.fr/21ang37

a. find / Why / you / another job / don't / ? ....

b. sport / about / some / How / doing / ? ....

c. my father / I wouldn't / tell / If I were you / . ...

....

d. your money / You / not spend / had better / . ...

....

e. to go / advise you / to the doctor's / I / . ...

3. Complétez en utilisant les éléments entre parenthèses pour donner un conseil à votre ami.

a. I have a temperature. (go to the doctor's)

→ Why .... ?

b. I have bad marks at school. (work harder)

→ You ....

c. I don't know what to wear for my first day at work. (not wear baggy jeans)

→ If I ....

d. I feel nervous about my first day. (go to the cinema)

→ How .... ?

4. Traduisez les phrases suivantes.

a. Si j'étais toi, je ne passerais autant de temps devant la télé.

....

b. Tu ne devrais pas utiliser ton télephone en classe.

....

c. Tu ferais mieux de ne pas jouer sur ta console toute la journée. Tu devrais aller voir tes amis. ....

....

d. Je te conseille d'appeler ton tuteur de stage.

....

© Éditions Foucher

33. Les propositions infinitives

On emploie la proposition infinitive avec des verbes exprimant la volonté, l'ordre, la préférence, le souhait.

Construction

• S + **V1** conjugué (+ complément) + ***to*** + **V2** (+ complément)

• **avec *want***
- *She wants to go home.*
  Elle veut rentrer à la maison.
- *They don't want Rob to work.*
  Ils ne veulent pas que Rob travaille.
- *Do you want me to help you?*
  Veux-tu que je t'aide ?

• **avec *would like***
- *I would like you to come.*
  Je voudrais que tu viennes.
- *He wouldn't like to stay.*
  Il ne voudrait pas rester.
- *Would you like us to wait?*
  Voudrais-tu que nous attendions ?

• **avec d'autres verbes comme : *ask, hope, need, order, prefer, wish*...**
- *She asks the pupils to be quiet.* Elle demande aux élèves d'être calmes.
- *They hoped to win the match.* Ils espéraient gagner le match.

Je réussis

BE CAREFUL !

• On ne traduit jamais « je veux que... » par « *I want that* ».
- *I want him to help me.* Je veux qu'il m'aide.

1. Réordonnez les éléments pour former des propositions infinitives.

a. asks / Jo / to / She / drive /. → ....

b. Would / like / to / you / Tim / help /? → ....

c. don't want / be late / I / to / her /. → ....

2. Traduisez.

a. Ils ne veulent pas que tu partes. → ....

b. Elle préfère que je l'achète. → ....

c. Voudrais-tu qu'ils regardent la télé ? → ....

© Éditions Foucher

34. Les *question tags*

Les *question tags* sont employés pour demander confirmation. Ils se traduisent par « n'est-ce pas ? » et se placent en fin de phrase.

- **Après une phrase affirmative :** le *question tag* est **négatif.**
– avec auxiliaires et modaux : aux./modal + *not* contracté + S + ?
  - *The match is great, **isn't** it?*
  - *Pa has visited New York, **hasn't** he?*
  - *We can see him, **can't** we?*
  - *They will write a book, **won't** they?*
– au présent : *don't/doesn't* + S + ?
  - *Rita loves him, **doesn't** she?*
– au prétérit : *didn't* + S + ?
  - *They took the train, **didn't** they?*

- **Après une phrase négative :** le *question tag* est **affirmatif.**
– avec auxiliaires et modaux : aux./modal + S + ?
  - *You weren't at work, **were** you?*
  - *They haven't got a car, **have** they?*
  - *You shouldn't come, **should** you?*
  - *She wouldn't like that, **would** she?*
– au présent : *do/does* + S + ?
  - *They don't live here, **do** they?*
– au prétérit : *did* + S + ?
  - *Dan didn't pay, **did** he?*

Je réussis

1. Rayez la mauvaise proposition. Puis écoutez et vérifiez. foucherconnect.fr/21ang38

a. You are 16, are/aren't you?

b. Ally doesn't like chocolate, does/doesn't she?

c. Ray had worked for two months last summer, had/hadn't he?

d. There was a really good film at the cinema, was/wasn't there?

2. Terminez chaque énoncé par un *question tag*.

a. London is the capital city of the United Kingdom, ...

b. You wouldn't like to visit the Tower of London, ...

c. The Queen lives in Buckingham Palace, ...

d. British people didn't want to remain in the European Union, ...

e. The negotiations could take many months, ...

© Éditions Foucher

35. Les connecteurs logiques

Les connecteurs logiques permettent de relier des propositions ou des phrases pour structurer son discours.

- **Pour indiquer une chronologie**
  - *First, firstly, to begin, to start with* Premièrement, pour commencer
  - *Secondly, thirdly, then, next* Deuxièmement, troisièmement, puis, ensuite
  - *In short, in brief* Pour résumer, en bref
  - *Lastly, finally, to conclude* Enfin, finalement, pour conclure

- **Pour exprimer l'opposition**
  - *while, whereas* tandis que, alors que
  - *but* mais
  - *contrary to / on the contrary* contrairement à / au contraire
  - *unlike* à la différence de
  - *instead of (+ V-ing)* au lieu de

- **Pour ajouter un élément**
  - *and, besides/ moreover* et, de plus

- **Pour exprimer le but**
  - *in order (not) to, so as (not) to, (not) to* pour (ne pas)

- **Pour exprimer la restriction / concession**
  - *even if* même si
  - *though, although* bien que, quoique
  - *unless* à moins que
  - *yet/still* pourtant

- **Pour exprimer la cause**
  - *because* parce que
  - *because of* à cause de
  - *as* comme
  - *since* puisque

- **Pour exprimer la conséquence**
  - *so* donc, ainsi
  - *that's why* c'est pourquoi
  - *therefore, consequently* donc, par conséquent

foucherconnect.fr/21ang39

© Éditions Foucher

Je réussis

1. Rayez la mauvaise proposition. Puis écoutez et vérifiez. foucherconnect.fr/21ang40

a. Because of/As the weather was bad, the plane didn't take off.
b. Jane couldn't go to school because/although she was very ill.
c. You won't pass your exam while/unless you work harder.
d. I'll do it even if/since it takes me all morning.
e. For/Although it was raining, he went out without his umbrella.
f. You should shop online instead of/unlike going to the shop when it's crowded.
g. Fred is very hard-working, whereas/therefore his brother is quite lazy.

2. Complétez avec les mots de la liste et justifiez en cochant ce qu'ils expriment :
but – because of – that's why – even if – in order to – unlike

a. Alicia wants to work in England, ... she studies English hard.
→ ❐ le but ❐ la conséquence

b. .... my sister, I'm crazy about horror films.
→ ❐ l'opposition ❐ la cause

c. She studied a lot .... she failed again. → ❐ le but ❐ l'opposition

d. I cycle to work as often as possible .... protect the environment.
→ ❐ le but ❐ l'opposition

e. .... his bad temper, nobody wants to work with him.
→ ❐ la conséquence ❐ la cause

f. .... you're not going to school today, you have to wake up early.
→ ❐ la cause ☐ la concession

3. Traduisez les phrases suivantes.

a. Pour commencer, j'aimerais vous parler de mon projet.

....

b. Pour conclure, je vous donnerai mon opinion.

....

c. Elle a de bonnes notes, et pourtant elle veut arrêter ses études.

....

d. Contrairement à ce qu'il dit, il ne se couche jamais avant minuit.

....

© Éditions Foucher

36. Les marqueurs de temps

Les marqueurs de temps sont des mots ou expressions qui permettent de situer les événements dans le temps. Ils déterminent le temps de conjugaison du verbe et se placent souvent en début ou en fin de phrase.

• **Au présent simple**
– *every* + *day / month / year…* (tous les jours / mois / ans…)
▸ *They take the bus every day.* Ils prennent le bus tous les jours.

• **Au présent en *-ing*** (action en train de se dérouler)
– *now* (maintenant) / *at the moment* (en ce moment)
▸ *She is sleeping now.* Elle dort maintenant.

• **Au futur**
– *next* + *week / month / year* (la semaine / le mois / l'année… prochain/e).
▸ *I'll work next Monday.* Je travaillerai lundi prochain.
– *tomorrow* (demain) / *the day after tomorrow* (après-demain) / *later* (plus tard) / *in the future* (à l'avenir).
▸ *Later she'll move to Boston.* Elle déménagera plus tard à Boston.
– une date future.
▸ *They won't be back before 2050.* Ils ne reviendront pas avant 2050.

• **Au prétérit**
– *last* + *week / month / year…* (la semaine / le mois / l'année… dernier/ière)
▸ *Last year I met her in York.* Je l'ai rencontrée l'an dernier à York.
– *yesterday* (hier) / *the day before yesterday* (avant-hier) / *in the past* (autrefois)…
▸ *He came yesterday.* *Il est venu hier.*
– *one month / two years…* + *ago* (il y a un mois / deux ans…).
▸ *They got married a week ago.* Ils se sont mariés il y a une semaine.
– *in* + date passée.
▸ *They visited London in 2015.* Ils ont visité Londres en 2015.

Voir fiche 20
Les marqueurs de temps au *present perfect*

© Éditions Foucher

Je réussis

1. Écoutez et complétez. foucherconnect.fr/21ang41

a. Linda went to Ireland ....

b. Then, her Irish friend Tracy came to France ....

c. She is phoning her ....

d. ...., she'll do an internship in Dublin.

2. Cochez le temps du verbe et rayez la mauvaise proposition.

a. I bought a new bike last/next year.	❒ prétérit	❒ futur
b. I ride my bike every day/yesterday.	❒ prétérit	❒ présent
c. We won't take the bus yesterday/tomorrow.	❒ prétérit	❒ futur
d. There was an accident an hour ago/in an hour.	❒ prétérit	❒ futur
e. Everyday/At the moment, I'm jogging.	❒ présent	❒ présent en *-ing*

3. Soulignez le marqueur de temps et mettez le verbe entre parenthèses au temps qui convient.

a. James LeBron .... the NBA's Cleveland Cavaliers in 2003. (join)

b. LeBron .... in the NBA final every year. (compete)

c. Now, he .... at the Olympics in the US national team. (play)

d. He .... an Olympic gold medal in 2008 and 2012. (win)

e. In the future, his charity foundation .... improve education in Ohio. (help)

4. Traduisez.

a. Ava a rencontré Jake il y a 6 mois.

....

b. En ce moment, Ava et Jake regardent la télévision.

....

c. Ils sont allés en Écosse avec leurs amis Emma et Fred l'an dernier.

....

d. Ils visiteront Manchester le mois prochain.

....

© Éditions Foucher

37. For / Since

« Depuis » se traduit par *for* ou *since*.

- ***for*** + **durée** souvent chiffrée (un certain nombre de minutes, d'heures, de mois...)
- ***since*** + **point de départ** (moment où l'action a commencé : date, période, moment précis…)

▸ *How long have you been a salesperson? **For** three months. / **Since** last October.*
Depuis combien de temps es-tu vendeur ? Depuis trois mois. / Depuis octobre dernier.

▸ *How long have you been playing tennis? **For** 2 years. / **Since** I was 10.*
Depuis combien de temps pratiques-tu le tennis ? Depuis 2 ans. / Depuis l'âge de 10 ans.

Je réussis

1. Complétez avec *for* ou *since*.

a. .... a long time.

b. .... five months.

c. .... last September.

d. .... yesterday.

e. .... 1990.

2. Traduisez en anglais.

a. Nous apprenons l'anglais depuis 3 ans.

....

b. Ils habitent à Manchester depuis 2002.

....

c. Je le connais depuis longtemps.

....

BE CAREFUL !

- *for* et *since* sont généralement utilisés avec le *present perfect*.

Voir fiche 20
Le *present perfect*

© Éditions Foucher

38. La concordance des temps avec *if*

Les propositions construites avec *if* permettent d'introduire une condition ou une hypothèse.

- Condition ou hypothèse simple :
  If + présent → futur dans la proposition principale.
  ▸ *If you come with me, I will be very happy.* Si tu viens avec moi, je serai très content(e).
  ▸ *He won't come if she is here.* Il ne viendra pas si elle est là.

- Condition ou hypothèse incertaine :
  If + prétérit → conditionnel dans la proposition principale.
  ▸ *If you helped me, I would finish earlier.* Si tu m'aidais, je terminerais plus tôt.
  ▸ *They would buy a house if they won the lottery.* Ils achèteraient une maison s'ils gagnaient au loto.

Je réussis

1. Rayez ce qui ne convient pas.

a. If I see Anna, I'll invite/would invite her.

b. He'll pass his exams if he studies/studied hard.

c. They would help you if you are/were ill.

BE CAREFUL !

- Après *if*, on emploie parfois *were* au lieu de *was*, surtout dans la tournure « *if I were you* ».

▸ *If I were you, I wouldn't go there.* Si j'étais vous, je n'irais pas.

2. Mettez le verbe entre parenthèses au temps qui convient.

a. They won't play the match if it .... (rain)

b. If I were you, I .... a career that makes you happy. (choose)

c. If she likes the job, she .... working there. (keep)

3. Traduisez.

a. Si je réussis mes examens, je travaillerai en septembre.

....

b. Si nous vivions en Australie, nous serions sur la plage à Noël.

....

© Editions Foucher

39. Le discours indirect

Le discours indirect sert à rapporter les paroles ou pensées de quelqu'un.

- Si le **verbe introducteur** (*say, tell, answer, explain, promise*…) est au **présent**, il n'y a **pas de changement de temps**.
  ▸ *"Tom is sad."* « Tom est triste. » → *He says (that) Tom is sad.* Il dit que Tom est triste.

- Si le **verbe introducteur** est au **prétérit** (*said, told*…), cela entraîne des **changements de temps.**

Discours direct →	Discours indirect
Présent simple ▸ *"He works every day".*	**Prétérit simple** *He **said** (that) he worked every day.*
Présent en *be* + V-*ing* ▸ *"She is studying."*	**Prétérit en *be* + V-*ing*** *He **said** (that) she was studying.*
Prétérit et *present perfect* ▸ *"We (have) danced all night."*	***Past perfect*** *They **told** me (that) they had danced all night.*
Futur ▸ *"I will buy a car".*	**Conditionnel** *She **said** to me that she would buy a car.*
can / may / must ▸ *"He can / may / must come."*	***could / might / had to*** *He **said** (that) he could / might / had to come.*

- **Autres transformations en fonction du sens.**
– **Les pronoms personnels, les adjectifs et pronoms possessifs.**
  ▸ *"I live with my sister in our parents' flat."* → *He said that he lived with his sister in their parents' flat.*
– **Les marqueurs de temps :** *yesterday → the day before, tomorrow → the next day, last (week) → the (week) before, next (month) → the following (month).*
– **L'ordre des mots dans une question** redevient celui de la forme affirmative. S'il n'y a pas de mot interrogatif, on utilise *if* ou *whether*.
  ▸ *"Are you going to school?"* → *He asked me **if I was going** to school.*
  ▸ *"When did you go to Spain?"* → *He asked him when **he had gone** to Spain.*

Je réussis

1. Entourez la forme correcte du verbe au style indirect.

a. "I am doing my homework."

→ She says that she is doing/did her homework.

b. "We go to London every summer." → She told me that they are going/went to London every summer.

c. "You can go out with your friends."

→ Her mother said that he could/can go out with his friends.

d. "I have never worked in a shop."

→ He said that he had never worked/will never work in a shop.

e. "I will call my parents on Sunday."

→ Jane said that she had called/would call her parents on Sunday.

BE CAREFUL !

• Pour rapporter un ordre ou une interdiction, on utilise *(not) to* + V.

▸ *Go to bed!* → *He ordered me* ***to go*** *to bed.*

▸ ***Don't be*** *late.* → *She told me* ***not to be*** *late.*

2. Retrouvez les questions qui ont été posées lors d'un entretien d'embauche.

a. The manager asked me how old I was. ....

b. He asked me if I had been abroad. ....

c. He wanted to know where I studied. ....

d. He asked me if I could start the next day. ....

3. Réécrivez les phrases au style indirect.

a. Steve said, "I did my internship in a hotel last month."

....

b. She told me, "I love preparing meals for my friends".

....

c. The teacher asked me, "Have you done your homework?".

....

d. He told me, "Be careful with your money."

....

© Éditions Foucher

40. Their / There / They're

- ***their*** → déterminant possessif.
  ▸ *Their parents are on holiday.* Leurs parents sont en vacances.

- ***there*** → pronom.
  ▸ *There is a garden at the back of the house.* Il y a un jardin derrière la maison.
- ***there*** → adverbe.
  ▸ *Do you know the girl over there?* Connais-tu la fille là-bas ?

- ***they're*** → contraction de ***they are***.
  ▸ *They're at the post office.* Ils sont au bureau de poste.

Je réussis

1. Complétez avec *their*, *they're* ou *there*.

a. .... late. They were expected .... at 9.00.

b. I don't like those bags. .... too colourful.

c. .... house is very nice and comfortable.

d. .... are 7,600 inhabitants in this city.

e. I bought .... chocolate cakes because .... delicious.

2. Traduisez en anglais.

a. J'adore ces fleurs, et particulièrement leurs couleurs.

....

b. Il y a beaucoup de bruit dans leur appartement.

....

c. Elles sont plus grandes que leurs frères.

....

d. Leur restaurant est l'endroit où il y a le plus grand choix de desserts.

....

....

© Éditions Foucher

41. It's / Its

- ***it's*** → contraction de ***it is*** (c'est, il est, elle est).
  - *It's late.* Il est tard.
  - *It's a new bike.* C'est un nouveau vélo.
- ***it's*** → contraction de ***it has*** (toujours suivi d'un autre verbe au participe passé).
  - *This table is strange: it's got three legs.* Cette table est curieuse : elle a trois pieds.

- ***its*** → déterminant possessif pour une chose ou un animal (son, sa, ses).
  - *Look at this flower; I like its colour.* Regarde cette fleur ; j'aime sa couleur.

Je réussis

1. Rayez la mauvaise proposition.

a. It's/Its a goldfish. It's/Its name is Jack.

b. Get up! It's/Its a beautiful day and it's/its time for breakfast.

c. Give the cat it's/its milk. It's/Its waiting in the kitchen.

2. Complétez avec *it's* ou *its* et justifiez en cochant la case correspondante.

a. I like this car. .... design is nice. ❐ *it is* ❐ *it has* ❐ dét. possessif

b. And .... got an electrical engine. ❐ *it is* ❐ *it has* ❐ dét. possessif

c. The flat is small but .... terrace is great. ❐ *it is* ❐ *it has* ❐ dét. possessif

d. .... comfortable and .... near the shops. ❐ *it is* ❐ *it has* ❐ dét. possessif

e. Have you seen the dog? .... been here. ❐ *it is* ❐ *it has* ❐ dét. possessif

3. Traduisez.

a. J'aime cette série et ses héros. ....

b. C'est une série de science-fiction. ....

c. Le robot est amusant. Il a une belle voix. ....

....

© Éditions Foucher

42. He's / His

- ***He's*** → contraction de ***He is***.
  ▸ *He's very strong.* Il est très fort.
- ***He's*** → contraction de ***He has*** (toujours suivi d'un autre verbe au participe passé).
  ▸ *He's got brown hair.* Il a les cheveux bruns.

- ***His*** → déterminant possessif pour un possesseur masculin.
  ▸ *This is his car.* C'est sa voiture.

Voir fiche 3
Les déterminants possessifs

- ***His*** → pronom possessif pour un possesseur masculin.
  ▸ *This car is his.* Cette voiture est la sienne.

Je réussis

1. Complétez avec *he's* ou *his*.

a. This is my brother. .... very good at football.

b. Look at .... trainers. They're so trendy!

c. .... going on holiday with .... girlfriend.

d. .... got two sisters and one brother.

e. .... very friendly, that's why .... got so many friends.

2. Traduisez en anglais.

a. Paul et sa sœur sont jumeaux.

....

b. Voici John. C'est un étudiant anglais.

....

c. – Où est Jim ? – Il est en train de jouer dans le jardin.

....

d. Peter et moi avons acheté chacun une voiture hier. La sienne est plus petite.

....

© Éditions Foucher

43. Were / Where / Wear

- ***were*** → prétérit de *be*.
  ▸ *We were students last year.* Nous étions étudiants l'année dernière.

- ***where*** → mot interrogatif ou pronom relatif.
  ▸ *Where is the dog?* Où est le chien ?
  ▸ *It's the place where I live.* *C'est l'endroit où j'habite.*

- ***wear*** → se traduit par le verbe « porter » (pour un vêtement).
  ▸ *We often wear jeans.* Nous portons souvent des jeans.

Je réussis

1. Entourez le mot qui convient.

a. There were/wear many shops in this street.

b. Were/Where will you do your work placement?

c. I'd like to wear/where trainers tomorrow.

d. Were/Wear they happy with their exams' results?

e. When do you wear/were safety shoes?

2. Traduisez en anglais.

a. J'aimerais porter une jolie robe pour la fête d'anniversaire.

....

b. Nous étions curieux de savoir où tu étais.

....

c. Où étiez-vous hier ?

....

BE CAREFUL !

- *Where* et *wear* sont homophones mais *were* se prononce différemment.

© Éditions Foucher

44. *Who's / Whose* dans une question

- ***who's*** → contraction de *who* (mot interrogatif) + *is*
  - ▸ *Who's here?* Qui est ici ?
  - ▸ *Who's coming?* Qui arrive ?

- ***whose*** → mot interrogatif
  - ▸ *Whose bike is this?* À qui est ce vélo ?
  - ▸ *Whose gloves are these?* À qui sont ces gants ?

Je réussis

1. Rayez la mauvaise proposition.

a. – Who's/Whose house is it? – It's my uncle's.

b. – Who's/Whose this man? – He's the director.

c. – Who's/Whose shoes are these? – They are mine.

d. – Who's/Whose running in the park? – I think he is our new neighbour.

BE CAREFUL !

- *Whose* peut également être un pronom relatif (dont).
  - ▸ *Mia, whose car was stolen, lives next door.* Mia, dont la voiture été volée, habite à côté.

2. Traduisez.

a. À qui est ce livre ? Et à qui sont ces stylos ?

....

b. Qui est ton chanteur préféré ?

....

c. Qui est en train de danser avec Tom ?

....

NB-CB/EG

PAPIER À BASE DE FIBRES CERTIFIÉES

Foucher s'engage pour l'environnement en réduisant l'empreinte carbone de ses livres. Celle de cet exemplaire est de : 250 g éq. CO_2 Rendez-vous sur www.editions-foucher-durable.fr

Achevé d´imprimer en Espagne par Grafo à Basauri - Dépôt légal n° 16180-5/04 - Juillet 2023

© Éditions Foucher